J'AIME DORMIR DANS MON LIT

Shelley Admont

Illustré par Sonal Goyal et Sumit Sakhuja

www.kidkiddos.com

Copyright©2013 by S. A. Publishing ©2017 by KidKiddos Books Ltd.

support@kidkiddos.com

All rights reserved. No part of this book may be reproduced in any form or by any electronic or mechanical means, including information storage and retrieval systems, without written permission from the publisher or author, except in the case of a reviewer, who may quote brief passages embodied in critical articles or in a review.

Tous droits réservés. Aucune reproduction de cet ouvrage, même partielle, quelque soit le procédé, impression, photocopie, microfilm ou autre, n'est autorisée sans la permission écrite de l'éditeur.

Second edition, 2019

Traduit de l'anglais par Sophie Troff

Library and Archives Canada Cataloguing in Publication
I love to sleep in my own bed (French Edition)/ Shelley Admont
ISBN: 978-1-5259-1293-1 paperback
ISBN: 978-1-926432-34-2 ebook
ISBN: 978-1-926432-30-4 hardcover

Pour ceux que j'aime le plus–S.A.

Jimmy, le petit lapin, vivait avec sa famille dans la forêt. Il habitait une magnifique maison avec sa maman, son papa et ses deux grands frères.

Jimmy n'aimait pas dormir dans son petit lit. Un soir, il brossa ses dents et avant d'aller au lit, il demanda à sa maman :
– Maman, est-ce que je peux me coucher dans ton lit ? Je n'aime vraiment pas dormir tout seul dans mon lit.

– Chéri, dit Maman, tout le monde dort dans son lit, et le tien est parfait pour toi.

– Mais maman, je n'aime pas du tout mon lit, répondit Jimmy. Je veux dormir dans le tien.

– Voilà ce qu'on va faire, dit maman. Tu vas dans ton lit et je te fais un câlin, je te borde et je vous lis une histoire à tes frères et toi. Puis je te donnerai un bisou et je resterai à côté de toi jusqu'à ce que tu t'endormes.

– D'accord, acquiesça Jimmy, puis il donna un bisou à sa maman.

Maman prit Jimmy dans ses bras et lut une histoire à ses trois garçons.

Pendant qu'elle lisait, les trois enfants s'endormirent. Maman leur donna chacun un baiser et partit se coucher dans sa chambre.

Au milieu de la nuit, Jimmy se réveilla. Il s'assit dans son lit, regarda autour de lui, et vit que maman n'était plus là.

Alors, il se leva, prit son oreiller et sa couverture, et se faufila en douce dans la chambre de papa et maman. Jimmy se glissa dans leur lit, se blottit contre maman et s'endormit. Ils dormirent ainsi toute la nuit jusqu'au matin.

La nuit suivante, Jimmy se réveilla à nouveau. Il prit son oreiller et sa couverture et voulut sortir en douce de la chambre comme la veille. Mais à ce moment-là, son frère cadet se réveilla.

– Jimmy, où vas-tu ? lui demanda-t-il.

– Ah, ahh… bredouilla Jimmy. Nulle part. Rendors-toi.

Jimmy se précipita dans la chambre de papa et maman. Il se glissa en douce dans leur lit et fit semblant de dormir.

Mais son frère cadet était tout à fait réveillé. *Je me demande ce qui se passe*, se dit son frère et il décida de suivre Jimmy. Quand il découvrit que Jimmy dormait dans le lit de sa maman et de son papa, il fut très contrarié.

Alors, c'est comme ça ? pensa-t-il. Si Jimmy a le droit de dormir avec eux, moi aussi. Sur ce, il grimpa lui aussi dans le lit de ses parents.

Maman entendit des bruits étranges, ouvrit les yeux et vit ses deux petits dans son lit. Elle leur fit de la place en se poussant tout au bord du lit.

Ils dormirent ainsi toute la nuit jusqu'au lendemain matin.

La troisième nuit, il se passa la même chose. Jimmy se réveilla, prit son oreiller et sa couverture, et fila dans la chambre de ses parents. Son frère le suivit et il se glissa dans le lit de leurs parents avec son oreiller et sa couverture.

Mais cette fois, leur grand frère se réveilla également. Il se passe quelque chose de bizarre, se dit-il en suivant ses deux jeunes frères dans la chambre de papa et maman.

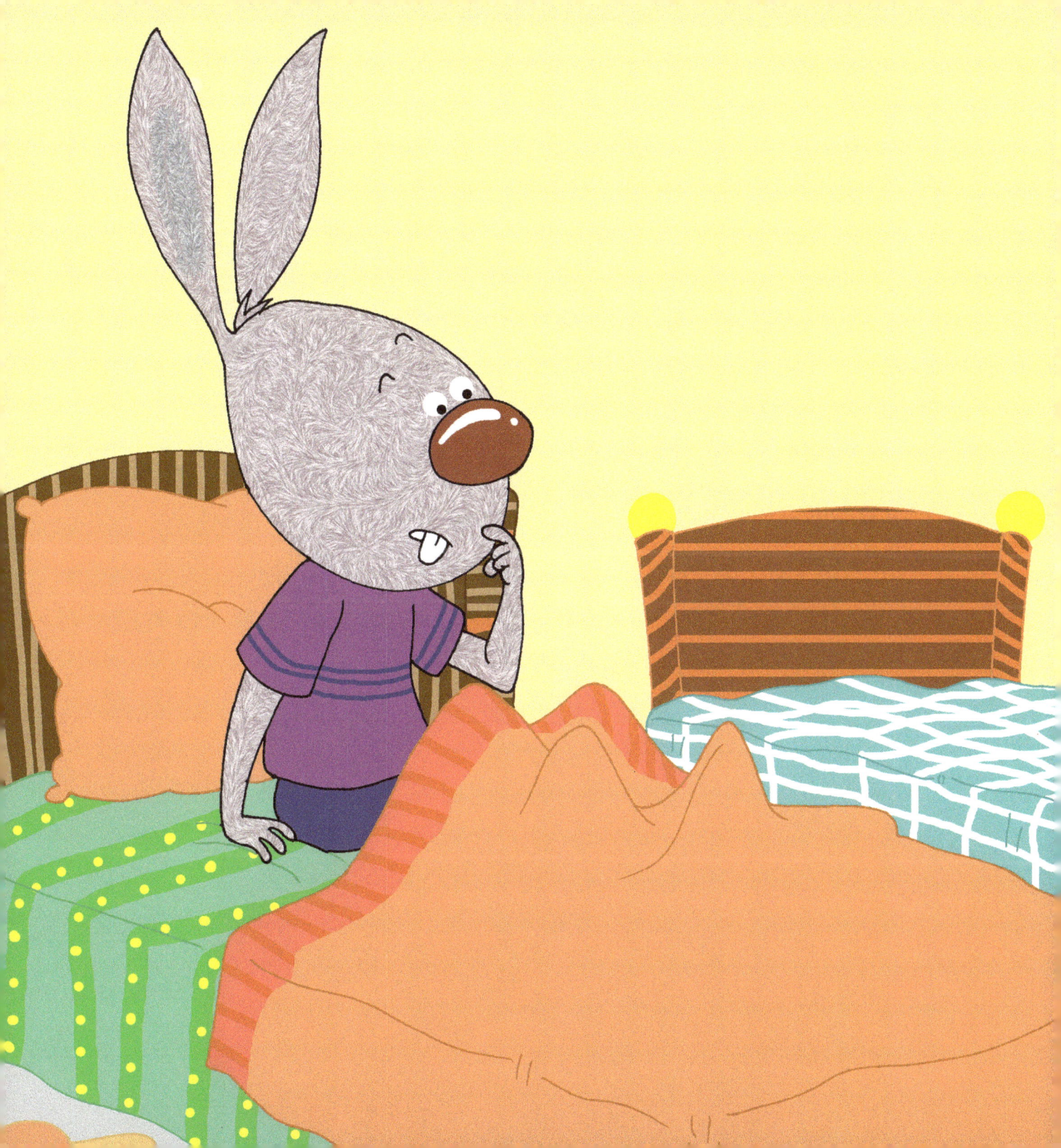

Quand il vit que ses frères dormaient avec papa et maman, il fut très jaloux.

Moi aussi je veux dormir dans le lit de papa et maman, *se dit-il, et il grimpa en silence dans le lit.*

Ils dormirent ainsi toute la nuit. C'était très inconfortable. Maman et papa n'arrivaient pas à trouver le sommeil. Ils n'arrêtaient pas de se tourner et se retourner, essayant de trouver une position confortable pour dormir.

Ce n'était pas confortable non plus pour leurs petits, qui se tournèrent et se retournèrent dans le lit jusqu'au petit matin.

Et soudain... Boum !... Bang !... le lit se cassa !

– Qu'est-ce qui se passe ? hurla Jimmy en se réveillant en sursaut.

– Qu'allons-nous faire maintenant ? dit maman d'une voix triste.

– Nous allons devoir fabriquer un nouveau lit, déclara papa. Après le petit déjeuner, nous irons dans la forêt pour nous mettre au travail.

Après le petit déjeuner, toute la famille se rendit dans la forêt pour construire un nouveau lit.

Après une journée entière de travail, ils avaient fabriqué un grand lit solide en bois. Il ne restait plus qu'à le décorer.

– Nous avons décidé de peindre notre lit en brun, dit maman. Et pendant que nous peignons notre lit, vous pouvez repeindre le vôtre de la couleur qui vous plaira.

– Je veux du bleu, dit le grand frère enthousiaste, *en courant peindre son lit en bleu.*

– Et le mien sera vert, dit le frère cadet tout heureux.

Jimmy prit de la peinture rouge et de la peinture jaune. Il mélangea le rouge et le jaune pour faire sa couleur favorite...
l'orange !

Il peignit son lit en orange et le décora d'étoiles rouges et jaunes. Il y avait des grandes étoiles et des moyennes, et même des étoiles minuscules.

Après avoir terminé, il se précipita vers maman et s'écria fièrement :
– Maman, regarde comme mon lit est beau ! J'aime tellement mon lit. Je veux dormir dedans tous les soirs.

Maman sourit et embrassa Jimmy.

Depuis ce jour, Jimmy dort dans son lit orange toutes les nuits.

Bonne nuit, Jimmy !

www.ingramcontent.com/pod-product-compliance
Lightning Source LLC
LaVergne TN
LVHW071959060526
838200LV00010B/238